Programación en JavaScript

para principiantes

Cómo aprender JavaScript en menos de una semana. El curso completo definitivo paso a paso desde el principiante hasta el programador avanzado.

William Brown

Índice de contenidos

Introducción

JavaScript es un lenguaje de scripting interpretado y ligero. Está hecho para ayudarte a crear aplicaciones centradas en la red. Funciona junto con Java y lo complementa. Como JavaScript está integrado en HTML, es muy sencillo de utilizar. Es multiplataforma y de código abierto.

Ventajas de JavaScript

JavaScript es una habilidad imprescindible para estudiantes y profesionales en activo que quieran convertirse en grandes ingenieros de software, especialmente los que trabajan en el campo del desarrollo web. Algunos de los principales beneficios de estudiar JavaScript:

- JavaScript es el lenguaje de programación más utilizado del planeta. Es una excelente opción para los programadores. Cuando estudies JavaScript, utilizarás varias aplicaciones basadas en JavaScript como jQuery, Node.JS y otras para crear increíbles aplicaciones de front-end y back-end.

- JavaScript está en todas partes; está integrado en cualquier navegador web moderno, por lo que no es necesaria una configuración especial para aprenderlo. Muchos navegadores admiten JavaScript, como Chrome, Mozilla Firefox, Safari y casi cualquier otro navegador.

- JavaScript ayuda a crear sitios web increíblemente bellos y rápidos como un rayo. Debe crear un sitio web con un aspecto similar al de una consola y tener la mejor experiencia gráfica de usuario para sus visitantes.

- JavaScript se utiliza ahora en el desarrollo de juegos, la producción de aplicaciones para teléfonos inteligentes y el desarrollo de aplicaciones web. Como programador de JavaScript, esto te abre muchas posibilidades.

- Hay mucho desarrollo de trabajo y un alto salario para todos aquellos que saben JavaScript debido a la alta demanda. Deberías buscar en varias bolsas de trabajo y ver cómo es la experiencia en JavaScript en el sector laboral.

- Lo bueno de JavaScript es que ya hay muchos frameworks y librerías disponibles que pueden incluirse directamente en el desarrollo del software para minimizar el tiempo de comercialización.

- Puede haber un montón de razones de peso para estudiar programación en JavaScript. Pero una cosa es segura: para dominar cualquier lenguaje de programación, como

JavaScript, todo lo que tienes que hacer es escribir, codificar, codificar y codificar un poco más antes de ser un experto.

Capítulo n° 1: Conceptos básicos de JavaScript

Cada vez que un sitio web hace algo más que quedarse ahí y mostrar detalles estáticos para que los mires - mostrando alertas de contenido oportunas, gráficos dinámicos, imágenes 2D/3D animadas, video jukeboxes con desplazamiento, etc. - puedes garantizar que JavaScript está involucrado. Es la tercera capa de un pastel de tres capas de tecnología web típica, las dos primeras de las cuales son CSS y HTML.

El CSS es una serie de pautas de diseño que añaden estilo al texto HTML, como cambiar los colores de fondo y las fuentes y organizar el contenido en varias columnas.

HTML es el lenguaje que se utiliza para dar formato y añadir contexto al material de la web, como la descripción de líneas, títulos y tablas de datos y la incrustación de imágenes y vídeos.

JavaScript es un lenguaje de scripting para crear material que se actualiza dinámicamente, controlar multimedia, animar fotos y todo lo demás. (No cualquier cosa, pero es increíble lo que un breve código JavaScript puede lograr).

1.1 Uso de JavaScript

Las principales funcionalidades del lenguaje JavaScript del lado del cliente son las siguientes

- Las variables pueden utilizarse para almacenar valores valiosos. Por ejemplo, en el ejemplo anterior, pedimos un nuevo nombre y lo almacenamos en una variable llamada 'nombre'.

- Operaciones de manipulación de texto (conocidas como "cadenas" en programación). En el caso anterior, unimos la cadena "Jugador 1:" a la variable nombre para construir una marca de texto completo, como "Jugador 1: Chris".

- A medida que surgen estas actividades en una pantalla web, se realiza la codificación. En el caso anterior, utilizamos un evento de clic para detectar cuándo se pulsaba el botón y luego ejecutamos el código que actualizaba la marca de texto.

- Y mucho más.

Sin embargo, la funcionalidad instalada sobre el lenguaje JavaScript del lado del cliente es mucho más emocionante. Las interfaces de programación de aplicaciones (API) le ofrecen superpoderes adicionales que puede utilizar en su código JavaScript.

Las API son conjuntos de código pre construidos que permiten a un desarrollador crear programas que, de otro modo, serían difíciles o imposibles de realizar. Hacen para la programación lo mismo que los kits de muebles ya preparados para la construcción de casas. Es mucho más sencillo coger paneles pre cortados y montarlos juntos para crear una estantería que averiguar el patrón tú mismo, encontrar la madera adecuada, cortar todas las piezas con la forma y el tamaño correctos, encontrar los tornillos adecuados y luego unirlos todos para hacer una estantería.

Pueden dividirse en dos clases.

Las API de los navegadores están integradas en su navegador web y pueden exponer datos del entorno de su ordenador o realizar valiosas tareas complejas. Considere el siguiente escenario:

La API DOM (Document Object Model) le permite modificar el HTML y el CSS, incluyendo la adición, eliminación y modificación del HTML, así como la introducción dinámica de diferentes estilos en su sitio web. El DOM está en funcionamiento siempre que veas aparecer una ventana emergente en un sitio web o que se muestre nuevo material (como mostramos arriba en nuestra sencilla demostración).

La API de geolocalización se utiliza para obtener datos espaciales. Es la forma en que Google Maps localiza y traza su posición en un gráfico.

Puedes utilizar las APIs Canvas y WebGL para realizar gráficos interactivos en 2D y 3D. Consulte los ejemplos de Chrome Experiments y WebGL para ver ejemplos de lo que la gente está haciendo con estas tecnologías web.

HTMLMediaElement y WebRTC son APIs de audio y vídeo que permiten hacer cosas muy interesantes con el multimedia, como reproducir audio y vídeo directamente en una página web o tomar vídeo de tu cámara web y mostrarlo en la pantalla de otra persona.

Ten en cuenta que todas las demos anteriores no encajarían en un navegador antiguo; mientras experimentas, es mejor ejecutar el código en un navegador nuevo como Firefox, Chrome, Edge u Opera. A medida que te acercas a la entrega de código de producción, tendrás que pensar en la comprobación entre navegadores en mayor profundidad (es decir, el código real que utilizarán los clientes reales).

Las API de terceros no están integradas en la mayoría de los navegadores por diseño, así que tendrás que encontrar su código y documentación en algún lugar de Internet. Considere el siguiente escenario:

Puede utilizar la API de Twitter para actualizar los tweets más recientes en su página, por ejemplo.

Utilizará la API de Google Maps y la API de OpenStreetMap para añadir mapas personalizados y otras funciones a su sitio web.

Todavía hay mucho más para elegir. Pero no te pongas nervioso todavía. Después de aprender JavaScript durante 24 horas, no estás listo para crear el próximo Google Maps, Facebook o Instagram - hay varios fundamentos que aprender primero. Por eso estás aquí, ¡así que empecemos!

1.2 Presencia de JavaScript en su página

Aquí empezarás a ver algo de código y, de paso, verás lo que ocurre cuando ejecutas JavaScript en tu sitio.

Echemos un vistazo rápido a lo que ocurre cuando se abre una página web en un navegador. Cuando abre una página web en su ventana, su programación (HTML, CSS y JavaScript) se ejecuta dentro de un entorno de ejecución (la pestaña del navegador). Es similar a una fábrica que acepta materias primas (código) y produce un producto terminado (la página web).

La API del Modelo de Objetos del Documento es una forma popular de utilizar JavaScript para cambiar dinámicamente el HTML y el CSS para actualizar una interfaz de usuario (como se mencionó anteriormente). Es importante recordar que el código de los documentos web suele cargarse y ejecutarse para aparecer en el sitio web. Se producirán errores si el JavaScript se carga y comienza a funcionar hasta que el HTML y el CSS a los que afecta se hayan cargado. En el segmento sobre técnicas de carga de scripts que se encuentra más adelante en esta parte, aprenderás cómo evitar esto.

Seguridad del navegador

Cada pestaña del navegador tiene su cubo específico para ejecutar el código (técnicamente, estos cubos se denominan "entornos de ejecución"), lo que garantiza que el código de cada pestaña suele ejecutarse de forma totalmente independiente, y el código de una pestaña no puede afectar explícitamente al código de otra pestaña, o de otro sitio web. Se trata de una medida de protección positiva, porque si no fuera así, los piratas podrían empezar a escribir código para robar datos de otros sitios web y otras actividades maliciosas.

Nota: Existen estrategias especializadas para enviar código y datos a través de varios sitios web/pestañas de forma segura que no discutiremos en este curso.

Código interpretado frente a código compilado

En el sentido de la programación, es posible que escuche las palabras traducido y compilado. En los lenguajes traducidos, el código se ejecuta de arriba a abajo, y el resultado de la ejecución se devuelve inmediatamente. Antes de que el navegador ejecute el código, no es necesario convertirlo a un formato diferente. El código se obtiene en un formato de texto fácil de programar y se lee inmediatamente.

Por otro lado, los lenguajes compilados se convierten (compilan) en un formato diferente antes de ser ejecutados por un programa. C/C++, por ejemplo, se convierte en código máquina y luego lo ejecuta el ordenador. El software se ejecuta en formato binario, creado a partir del código fuente del programa original.

JavaScript es un lenguaje de programación interpretado y ligero. El código JavaScript es recibido en su tipo de texto original por el navegador web, que luego ejecuta el documento. Para aumentar la velocidad, muchos intérpretes modernos de JavaScript utilizan una técnica conocida como compilación justo a tiempo, en la que el código fuente de JavaScript se convierte en un formato binario más rápido mientras se utiliza el código, lo que permite que se ejecute lo más rápidamente posible. La compilación se realiza en tiempo de ejecución y no con antelación. JavaScript también se considera un lenguaje interpretado.

Ambos tipos de lenguaje tienen sus ventajas, pero no las discutiremos ahora.

Código del lado del servidor frente a código del lado del cliente

En el contexto del desarrollo web, a menudo se oyen las palabras codificación del lado del servidor y del lado del cliente. Cuando se abre una página web, el código del lado del cliente es copiado, y ejecutado, y mostrado por el navegador. En este módulo nos ocupamos específicamente del lado del cliente de JavaScript.

Por otro lado, el JavaScript del lado del servidor se ejecuta en el servidor antes de ser descargado y visualizado. PHP, Python, Ruby, ASP.NET y JavaScript son ejemplos de lenguajes web comunes del lado del servidor. JavaScript también puede utilizarse como lenguaje del lado del servidor, como en el entorno estándar Node.js.

Código dinámico frente a código estático

La dinámica se refiere a la capacidad de cambiar la vista de una página web/app para mostrar varios objetos en diferentes contextos, crear nuevo material si es necesario, y definir tanto el JavaScript del lado del cliente como los lenguajes del lado del servidor. El JavaScript del lado del cliente crea dinámicamente nuevos contenidos dentro del navegador en el cliente, como generar una nueva tabla HTML, cargarla con datos solicitados al servidor y luego mostrar la tabla en una página web mostrada al cliente, mientras que el JavaScript del lado del servidor crea dinámicamente nuevos contenidos en el servidor, como extraer datos de una base de datos. En ambos casos, la definición es algo diferente, pero son similares, y ambos métodos (del lado del servidor y del lado del cliente) suelen utilizarse juntos.

Estática se refiere a una página web que no tiene una funcionalidad constantemente actualizada y muestra un contenido similar todo el tiempo

1.3 Ejecución del JavaScript

JavaScript no puede funcionar por sí solo porque es un lenguaje de scripting. El servidor, en concreto, es el encargado de ejecutar el código JavaScript. Cuando un usuario solicita un archivo HTML que contiene JavaScript, el script se envía al servidor y el navegador se encarga de ejecutarlo. La principal ventaja de JavaScript es que todos los navegadores modernos lo soportan. Como resultado, no tendrá que pensar si los visitantes del sitio están usando Internet Explorer, Google Chrome, Firefox u otra aplicación. El uso de JavaScript será posible. JavaScript también es compatible con todos los sistemas operativos, como Windows, Linux y Mac. Como resultado, JavaScript supera los inconvenientes significativos de VBScript (ahora obsoleto) y se limita sólo a Internet Explorer y Windows.

Herramientas necesarias

En primer lugar, necesitarás un editor de texto y un navegador para escribir el código y ver las páginas web que crees. Puedes utilizar cualquier editor de texto con el que te sientas cómodo, como Visual Studio Code, Notepad++, Atom, Sublime Text o cualquier otro editor de texto. Se puede incluir cualquier navegador web, como Firefox, Google Chrome, Microsoft Edge e Internet Explorer.

Un sencillo programa de JavaScript

Si decide mantener el código JavaScript en el propio documento HTML, utilice las etiquetas <script> (<script> y </script>). Esto ayuda a separar el proyecto JavaScript de la mayor parte del código en su ventana. Hay algunos otros lenguajes de scripting del lado del cliente (VBScript), se sugiere fuertemente especificar el lenguaje de scripting.

Nota

Brendan Eich creó JavaScript, un lenguaje de scripting del lado del cliente.

JavaScript es compatible con casi todos los sistemas operativos y navegadores web.

Para escribir el código JavaScript, necesitarás un editor de texto, y para ver tu página web, necesitarás un navegador.

Capítulo nº 2: Funcionamiento de JavaScript

2.1 El motor, el tiempo de ejecución y la pila de llamadas

Los equipos utilizan el soporte de JavaScript en varios niveles de su pila, incluyendo el front-end, el back-end, las aplicaciones híbridas, los dispositivos embebidos, y mucho más, a medida que se va imponiendo.

Es el primero de una serie para profundizar en JavaScript y su funcionamiento: creemos que entender los bloques de construcción de JavaScript y cómo se conectan puede ayudarte a escribir mejor código y aplicaciones. Algunas de las mejores prácticas utilizadas al desarrollar SessionStack son un marco de trabajo ligero de JavaScript que debe ser estable y rápido para seguir siendo competitivo.

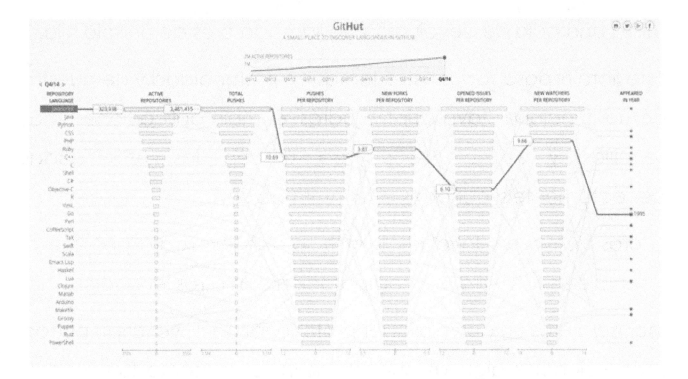

Según las estadísticas de GitHub, JavaScript es el que tiene más repositorios activos y pushes totales en la plataforma. Tampoco se queda muy lejos en los demás grupos.

Supongamos que los proyectos dependen cada vez más de JavaScript. En ese caso, los desarrolladores deben aprovechar todo el lenguaje y el ecosistema y comprender mejor los aspectos internos para crear un software fantástico.

Resulta que muchos desarrolladores utilizan JavaScript con regularidad pero no son conscientes de lo que ocurre entre bastidores.

El motor V8 es un concepto con el que casi todo el mundo está familiarizado, y mucha gente es consciente de que JavaScript utiliza una cola de devolución de llamada o es de un solo hilo.

Este libro repasa todos estos temas en profundidad y demuestra cómo funciona JavaScript. Podrás escribir aplicaciones más sencillas y sin bloqueos que utilicen las APIs dadas correctamente si conoces esta información.

Si eres nuevo en JavaScript, este libro te explicará por qué el lenguaje es tan "raro" en comparación con otros lenguajes.

Incluso si eres un desarrollador profesional de JavaScript, puede proporcionarte algunas nuevas ideas sobre cómo funciona el Runtime de JavaScript que utilizas a diario.

El motor de JavaScript

El motor V8 de Google es un ejemplo típico de motor JavaScript. Chrome y Node.js, por ejemplo, utilizan el motor V8. Aquí hay una imagen simplificada de cómo se siente:

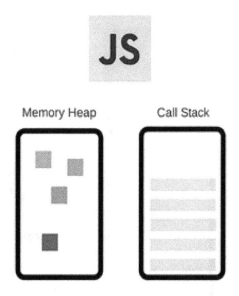

El motor se compone de dos partes principales:

- Memoria Heap - aquí es donde se asigna la memoria

- Memoria Heap - aquí es donde se asigna la memoria

El tiempo de ejecución

Existen APIs en el navegador que casi cualquier desarrollador de JavaScript ha utilizado (por ejemplo, "setTimeout"). El Motor, en cambio, no dispone de tales APIs.

Entonces, ¿dónde se originan?

La realidad, resulta ser un poco más compleja.

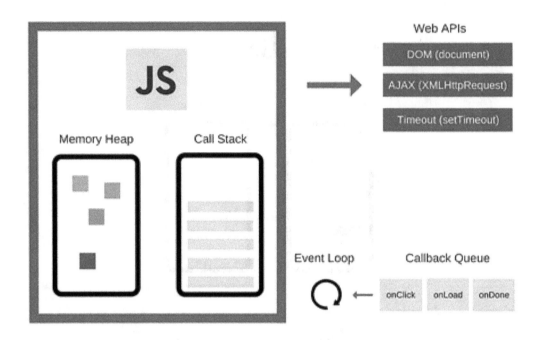

Así que, tienes el motor, pero hay mucho más. Los navegadores soportan el DOM, AJAX, setTimeout, y otras APIs de la Web como el AJAX, DOM, y muchas más.

Luego está el bucle de eventos y la cola de llamadas de retorno, que son bastante populares.

La pila de llamadas

Como JavaScript es un lenguaje de programación de un solo hilo, sólo tiene una única pila de llamadas. Como resultado, sólo puede realizar una tarea a la vez.

La pila de llamadas es una estructura de datos que mantiene un registro de dónde se encuentra en la aplicación. Usted coloca una función en la parte superior de la pila a medida que se habla a través de ella. Usted sale de la parte superior de la pila cuando regresa de una función. Eso es lo que la pila es capaz de hacer.

Veamos un ejemplo. Mira el siguiente código:

```
function multiply(x, y)
{
    return x * y;
}
function printSquare(x)
{
    var s = multiply(x, x);
    console.log(s);
}
printSquare(5);
```

La pila de llamadas se vacía cuando el motor comienza a ejecutar este código. Los pasos serían:

Call Stack

Un marco de pila es un término dado a cada entrada en la pila de llamadas.

Y así es precisamente como se construyen las trazas de la pila después de que se lance una excepción - es esencialmente la condición de la Pila de Llamadas cuando se produjo la excepción. Echa un vistazo al código de abajo:

```
function foo()
{
    throw new Error('SessionStack will help you resolve crashes
:)');
}
function bar()
{
    foo();
}
function start()
{
    bar();
}
start();
```

Si ejecuta este código en Chrome (suponiendo que está en un archivo llamado foo.js), obtendrá el siguiente seguimiento de pila:

```
⊗ Uncaught Error: SessionStack will help you resolve crashes :) foo.js:2
    at foo (foo.js:2)
    at bar (foo.js:6)
    at start (foo.js:10)
    at foo.js:13
```

Cuando alcanzas el tamaño completo de la pila de llamadas, esto se conoce como "reventar la pila". Y puede ocurrir con relativa rapidez, sobre todo si utilizas la recursividad sin probar a fondo tu código. Echa un vistazo al siguiente código:

```
function foo()
{
    foo();
}
foo();
```

El motor comienza nombrando la función "foo" al empezar a ejecutar este código. Por otra parte, esta función es recursiva y comienza a nombrarse a sí misma sin ninguna condición de terminación. Como resultado, la misma función se aplica repetidamente a la Pila de Llamadas en cada etapa de la ejecución. Esto es lo que parece ser:

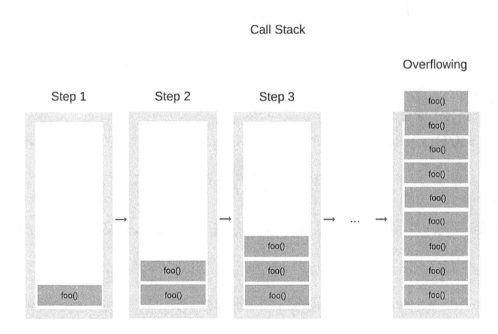

Sin embargo, cuando la cantidad de llamadas a funciones en la Pila de Llamadas alcanza el tamaño real de la Pila de Llamadas, el navegador intenta intervenir lanzando un error que se parece a esto:

```
⊗ ▶Uncaught RangeError: Maximum call stack size exceeded
```

Ejecutar código en un solo hilo es sencillo, por lo que no hay que lidiar con las complejidades de los sistemas multihilo, como los bloqueos.

Sin embargo, operar en un solo hilo tiene sus inconvenientes. ¿Qué ocurre cuando las cosas van lentas en JavaScript porque sólo tiene una única pila de llamadas?

Concurrencia y el bucle de eventos

¿Qué sucede si tiene muchas llamadas a funciones en la pila de llamadas que tardan mucho tiempo en procesarse? Incluya el caso en el que quiera usar JavaScript en el navegador para hacer una transformación de imagen complicada.

Te preguntarás por qué esto es un problema. La cuestión es que, aunque la Pila de Llamadas tiene funciones que ejecutar, el navegador no puede realizar el resto de tareas porque está bloqueado. Esto asegura que el navegador no puede renderizar o ejecutar ningún otro código; está atascado. Esto causa problemas si quieres que la aplicación tenga una excelente interfaz de usuario fluida.

Y no es el único problema. Cuando su navegador comienza a procesar un gran número de tareas en la pila de llamadas, puede dejar de responder durante un largo periodo. La mayoría de los navegadores responden mostrando un mensaje de error y pidiéndote que elijas si quieres cerrar la ventana del navegador.

2.2 Funcionamiento de JavaScript

Se trata de un lenguaje de scripting para interactuar con la interfaz gráfica del navegador. Brendan Eich fue el primero en desarrollar un motor JavaScript para el navegador web Navigator de Netspace. Se escribió en C y se le dio el nombre de código SpiderMonkey. El proyecto se conoció primero como Mocha, más tarde pasó a llamarse LiveScript, y finalmente pasó a llamarse JavaScript después de que Netspace y Sun llegaran a un acuerdo de licencia. Probablemente haya oído hablar de motores famosos como Spider Monkey, V8 y muchos otros. Por ejemplo, todos los motores tienen "nombres en clave" específicos, como:

- Tanto Opera como Chrome utilizan el motor V8.

- Firefox utiliza el motor SpiderMonkey.

- Los motores utilizados en IE y Nitro son el Tridente y el Chakra.

- Microsoft Edge utiliza el motor ChakraCore.

- Safari utiliza el motor SquirrelFish.

El motor de JavaScript está formado por dos componentes clave:

- La memoria del montón es el lugar donde se asigna la memoria.

- La Pila de Llamada es el lugar donde se llama a las pilas y se ejecuta el código.

JavaScript es un lenguaje de programación de un solo hilo, lo que significa que sólo tiene una pila de llamadas y sólo puede hacer una cosa simultáneamente. La Pila de Llamadas es una estructura de datos que mantiene un registro de dónde se está ejecutando el programa en ese momento. Esta pila de llamadas es comparable a otras pilas en el sentido de que tiene características simples, como poner una función en la parte superior de la pila a medida que se entra en ella. Si quieres volver de una función, debes salir de la parte superior de la pila. Esta es la funcionalidad simple de toda pila. Aunque los motores que controlan las funciones de JavaScript son extremadamente complejos, las siguientes son las tareas simples que cada motor ejecuta en un sentido más amplio:

- El motor se incrusta en el navegador si éste lee el documento.

- Convierte el script a lenguaje de máquina después de leerlo.

- El código máquina se ejecuta entonces, y lo hace rápidamente.

¿Qué hará JavaScript en el navegador?

Modifica el contenido y los estilos actuales insertando nuevo HTML en las páginas.

Proporciona el clic del ratón, el hover del ratón y otras funciones que responden al comportamiento del usuario.

Enviar y recibir peticiones a servidores remotos a través de la red sin cargar todo el sitio web mientras el usuario escribe. AJAX es un ejemplo muy conocido de este tipo de tecnología.

Permite establecer y recuperar los valores de las cookies y enviar mensajes a los usuarios para información, alertas y otros fines.

En el lado del cliente, también se pueden almacenar datos temporales.

2.3 Restricciones en el navegador

En aras de la privacidad del usuario, las capacidades de JavaScript están restringidas en el navegador. El objetivo es impedir que un sitio web de terceros acceda a información personal o cause daños a los datos del usuario. A continuación se presentan algunos ejemplos de situaciones en las que se utiliza el acceso selectivo:

El JavaScript en un sitio web está limitado por su diseño a leer/escribir archivos arbitrarios en el disco duro, copiarlos y ejecutar programas. Ni siquiera proporciona acceso completo a las funciones del sistema operativo. Algunos navegadores modernos aún le permiten trabajar con archivos, pero el acceso está restringido y sólo se concede si el usuario realiza determinados actos, como "soltar" un archivo en el navegador web. También son posibles algunos métodos para interactuar con la cámara/micrófono y otros equipos, pero requieren el permiso explícito del usuario. En consecuencia, una página con JavaScript no puede activar secretamente una cámara web o transferir datos a un servidor remoto o a un tercero.

En algunos casos, las diferentes pestañas o ventanas desconocen la existencia de las demás. Sin embargo, es teóricamente posible. El término para esto es "Política del mismo origen". Ambas instancias deben tener un código JavaScript específico que pueda gestionar el intercambio de datos entre ellas para que la misma funcione. Sin embargo, la restricción existe para la protección del usuario. Por ejemplo, no se debe permitir que una página web de la URL xyz.com que haya abierto un usuario acceda a información de forma anónima desde otra ventana del navegador con la URL abc.com.

Permite conectarse rápidamente a través de Internet con todos los servidores remotos o terceros de los que procede la página actual. Sin embargo, la capacidad de recoger o transmitir datos de otras páginas o dominios ha sido bloqueada por motivos de seguridad. Sin embargo, algunos trabajos de JavaScript requieren un acuerdo tácito de la parte remota, lo que todavía es posible. Si se utiliza JavaScript fuera de la ventana y no dentro (desde un servidor). Esta restricción sería imposible de aplicar. También observará que algunos navegadores modernos permiten instalar plugins o extensiones que dan más permisos a JavaScript dentro del navegador.

2.4 Diferencias con otros lenguajes de scripting

- Es un lenguaje de scripting basado en objetos, como todos sabemos.

- Está escrito en el lenguaje de programación C. Es un lenguaje interpretado.

- Cuando se trata de la entrada en el DOM, el JavaScript puro es más rápido.

- El usuario tiene mayor poder sobre el navegador cuando se utiliza JavaScript.

- También funciona para fechas y marcas de tiempo.

- También puede identificar el navegador y el sistema operativo del usuario.

- Es ligero.

- Es, como ya se ha dicho, un lenguaje de scripting.

- Es un lenguaje de scripting que utiliza un intérprete.

- Es sensible a las mayúsculas y minúsculas en el sentido de que la gramática es sensible a las mayúsculas y minúsculas.

- Es un lenguaje orientado a objetos porque proporciona objetos predefinidos, similares a los de Java, pero no a los de éste.

- Se debe utilizar un punto y coma para terminar cada declaración en JavaScript (;).

- La capacidad de generar nuevas funciones dentro de los scripts es la característica más valiosa que ofrece JavaScript. La palabra clave function en JavaScript puede utilizarse para declarar una función.

- HTML y CSS también son totalmente compatibles.

- Su uso es muy sencillo.

- Ambos navegadores son compatibles.

2.5 Limitaciones

Entre sus muchas ventajas, JavaScript tiene algunos inconvenientes, que se mencionan a continuación:

- JavaScript es un script del lado del cliente que no soporta la lectura o escritura de archivos en el disco.

- Al carecer de soporte de red, JavaScript no puede utilizarse en aplicaciones de red.

- No soporta el multithreading ni el multiprocesamiento.

Nota

Como resultado, todos hemos aprendido algunos hechos fundamentales sobre el desarrollo de JavaScript, algunos de los conocidos motores que ejecutan JavaScript en los navegadores web, los beneficios de tener JavaScript dentro de los navegadores. También hemos descubierto algunas de las características del trabajo de JavaScript que lo hacen valioso y único. También se conocen algunas de sus limitaciones e inconvenientes.

Capítulo nº 3: Normas básicas y aplicación práctica

3.1 Reglas básicas de JavaScript

Las siguientes reglas se aplican a la sintaxis básica de JavaScript:

1. Nombres de variables, objetos y funciones

Antes de ser utilizada, debe ser definida. El nombre de la variable puede comenzar con una letra o un guión bajo ("_") y puede incluir A-Z, a-z, guión bajo o dígitos.

Asuma la forma de los datos que se introducirán en la variable. No es necesario especificar explícitamente la forma de los datos.

Cuando se especifican fuera de una función, las variables globales son accesibles en cualquier parte del contexto actual del script. Las variables locales son variables creadas dentro de una función que sólo pueden ser utilizadas dentro de la función.

Las comillas, simples o dobles, deben utilizarse para encerrar las cadenas. Por ejemplo, print(" Hola" + 'mundo '+ País.nombre) da como resultado 'Hola mundo América'.

Una barra invertida debe ir antes de cualquier carácter especial que se muestre literalmente (\). También puede utilizarse una barra invertida para preceder a las comillas dentro de una serie.

Utilizarás a++ para incrementar una variable, como por ejemplo a = a + 1. De la misma manera que a-, puedes decrementar una variable.

Utilizar "//" para comenzar un comentario de una sola línea o una mezcla de "/*" y "*/" para encerrar un comentario de varias líneas en el script.

Date, Array, Boolean, String y Number son ejemplos de objetos que no se especifican como tipos de datos (string, number y Boolean). Por ejemplo, puedes escribir: var ArrayList=new Array("test", "this", "list");

En JavaScript, los puntos en los nombres de campo del Gestor de Servicios deben ser sustituidos por un guión bajo (_). Por ejemplo, contact.name se cambia por contact_name.

Los términos reservados en JavaScript, como "_class" para el sector "clase", deben ir seguidos de un guión bajo en los nombres de los campos del Gestor de Servicios.

Puedes nombrar tus variables, objetos y funciones cuando los crees. En los nombres se utilizarán caracteres en mayúsculas, minúsculas, números y el carácter de subrayado (_). El primer carácter de un nombre debe ser una letra o un guión bajo.

Puede utilizar mayúsculas o minúsculas en los nombres de las variables, pero tenga en cuenta que JavaScript distingue entre mayúsculas y minúsculas, por lo que score, Score y SCORE son tres variables distintas. Asegúrate de referirte siempre a una variable con el mismo nombre.

2. Reglas de sintaxis para JavaScript

Aunque JavaScript es un lenguaje sencillo, debe tener cuidado de seguir su sintaxis (las reglas que rigen su uso). En el resto de este libro se discuten numerosos aspectos de la sintaxis de JavaScript, pero debe conocer algunas reglas sencillas para evitar errores.

3. Sensibilidad a los casos

Casi todo en JavaScript distingue entre mayúsculas y minúsculas, lo que significa que no puedes mezclarlas. He aquí algunas directrices generales:

- Las palabras clave en minúsculas en JavaScript, como for e if, se utilizan a menudo.

- Math y Date son objetos incorporados que se escriben en mayúsculas.

- Los nombres de los objetos DOM suelen estar en minúsculas, pero sus métodos suelen ser una mezcla de mayúsculas y minúsculas. Todo, excepto la primera palabra, suele ir en mayúsculas, como en toLowerCase & getElementById.

Normalmente, el navegador mostrará un mensaje de error si elige el ejemplo incorrecto.

4. Palabras reservadas

Otro requisito para los nombres de las variables es que no contengan palabras reservadas. Estas incluyen términos del lenguaje JavaScript como if y for, nombres de objetos DOM como window y document, y nombres de objetos incorporados como Math y Date y nombres de objetos DOM como window y document. El Apéndice D, "Referencia rápida de JavaScript", contiene una lista completa de términos reservados.

5. Espaciamiento

JavaScript no tiene en cuenta los espacios en blanco (también conocidos como espacios en blanco en programación). Sin crear un error, se pueden incluir espacios, tabulaciones y líneas en blanco dentro de una línea. El uso de espacios en blanco mejora la legibilidad de un script.

3.2 Aplicaciones de JavaScript - Usos de JavaScript en el diseño web

En todo el mundo, JavaScript es el lenguaje de programación más utilizado. Cuenta con el repositorio de paquetes de código abierto más extenso del mundo (npm). JavaScript se utiliza para cualquier programa, incluido el código de servidor (Node.js), aplicaciones de productividad, juegos 3D, robots y dispositivos IoT. JavaScript logró el objetivo de Java hace varios años: escribir una vez, ejecutar en cualquier lugar. Veamos cómo se utiliza JavaScript en diferentes segmentos uno por uno.

Aplicaciones de JavaScript

Según una nueva encuesta de Stack Overflow, JavaScript es el lenguaje de programación más común del planeta. Lo interesante de estos resultados de la encuesta es que incluso los desarrolladores cuya principal responsabilidad es el backend (código del lado del servidor) se inclinan más que cualquier otro lenguaje a estudiar preguntas sobre JavaScript. Esto se debe a que JavaScript es inevitable. Todos nuestros alumnos de Java o.NET Bootcamp le informarán de que uno de sus proyectos finales les exigió aprender JavaScript a un nivel sencillo. También es cierto en el lugar de trabajo. Cualquier equipo que no tenga desarrolladores frontales dedicados tendrá que hacerlo por su cuenta. Cualquier programa que pueda ser escrito en JavaScript también puede serlo.

Jeff Atwood bromeaba sobre JavaScript, pero resultó ser más acertado que no. Con los avances en las tecnologías de los navegadores y la transición de JavaScript al servidor con NodeJS, JavaScript puede hacer ahora mucho más de lo que podía hacer unos años antes. He aquí un rápido resumen de lo que JavaScript puede hacer por ti. Algunas de ellas son evidentes, aunque otras no lo son tanto.

JavaScript se utiliza principalmente en lo siguiente:

1. Páginas web

JavaScript permite añadir comportamientos a una página web para responder a las conductas del usuario sin necesidad de que éste cargue una nueva página para procesar la solicitud. Ayuda al sitio web a comunicarse con los usuarios y a realizar tareas complejas.

Así que ésta entra en la categoría de "bastante obvia". Brendan Eich desarrolló JavaScript en 1995, lo creó para añadir interactividad y acciones a sitios web que de otro modo serían estáticos. Para eso se sigue utilizando. Es muy sencillo. En algún nivel, cualquier sitio web moderno ejecuta JavaScript. Es un regalo.

2. Aplicaciones web

JavaScript ha desarrollado la capacidad de construir aplicaciones web robustas a medida que los navegadores y los ordenadores han mejorado. Fíjate en Google Maps, por ejemplo. Haz clic y arrastra con el ratón para descubrir un mapa en Google Maps. Verás la parte menos precisa del mapa hasta que se llene por sí sola. El responsable de todo esto es JavaScript.

3. Presentaciones

La creación de presentaciones como sitios web es una aplicación muy popular de JavaScript. Si estás familiarizado con HTML y CSS, puedes hacerlo rápidamente utilizando el framework Reveal.js. El desarrollo de presentaciones como sitios web es un uso común de JavaScript. ¿Quién quiere Keynote o PowerPoint? Si ya estás familiarizado con HTML y CSS, el uso de la biblioteca RevealJS facilita esta tarea. Si no estás familiarizado con estos métodos, también puedes utilizar slides.com para crear un paquete de diapositivas basado en la web, que utiliza RevealJS.

4. Servidores web

Node o Express.js (el marco de trabajo de aplicaciones de servidor) le ayudarán a construir servidores aún más fiables. La pila Mongo Express Angular Node (MEAN), de la que Express es un componente clave, construye la mayoría de los Nodos descritos anteriormente.

5. Aplicaciones de servidor

JavaScript se trasladó del escritorio al servidor con la introducción de Node.js hace unos años. Desde entonces, grandes corporaciones como Wal-Mart han implementado Node como un componente crítico de su infraestructura de backend.

6. Arte

El módulo de lienzo, que permite al navegador crear espacios tridimensionales, es una de las últimas características de la especificación HTML5. Hace que el navegador se convierta en una nueva fuente de proyectos de arte digital.

7. Juegos

El navegador no siempre ha sido la plataforma tradicional para los juegos. Recientemente ha demostrado ser muy capaz. Además, el nivel de complejidad que se puede alcanzar en los juegos de navegador ha aumentado exponencialmente con la inclusión del lienzo HTML5. Incluso existen juegos de navegador que nos enseñan a codificar.

8. Aplicaciones para relojes inteligentes

Pebble.js es un pequeño y sencillo framework de JavaScript que permite a los desarrolladores escribir aplicaciones para relojes Pebble en JavaScript.

9. Aplicaciones móviles

Crear una aplicación para contextos no web es una de las cosas más potentes que se pueden hacer con JavaScript. Puedes construir aplicaciones para elementos que no están disponibles en Internet. Crear aplicaciones para contextos no web es una de las cosas más poderosas que uno puede hacer con JavaScript. Esa es una forma elegante de sugerir que debes crear aplicaciones que no estén relacionadas con Internet. Los dispositivos móviles, por ejemplo, son ahora el medio más común de acceder a Internet. Significa que todos los sitios web deben ser aptos para móviles. Además, implica que las aplicaciones para teléfonos inteligentes son tan importantes como las propiedades web para los bienes digitales. El problema es que hay dos tipos de aplicaciones móviles: Apple y Android.

Además, las aplicaciones están escritas en 2 idiomas diferentes. Para crear y mantener una aplicación para dispositivos móviles e Internet, necesitarás tres veces más desarrolladores. La noticia positiva es que un enfoque de "escribirlo una vez" para las 3 plataformas es factible. Phonegap es uno de los frameworks más consolidados y conocidos en este campo. React Native ha aparecido recientemente en escena y parece tener muchos potenciales para convertirse en un actor importante en el mercado multiplataforma. Para abreviar, puedes utilizar JavaScript para crear aplicaciones para smartphones que puedes desplegar e importar desde las respectivas tiendas de aplicaciones.

10. Robots voladores

Así es. Has leído bien. Node.js puede instalarse en muchos cuadricópteros disponibles en el mercado, algunos de los cuales vienen con un sistema operativo básico. Esto significa que puedes utilizar JavaScript para programar un robot volador. JavaScript es el lenguaje de programación más fácil de usar del planeta, con una amplia gama de capacidades. Es alentador ver que está generando un conjunto tan diverso de aplicaciones.

3.3 Importancia de JavaScript en el diseño web

Explore las diversas características de JavaScript. Importancia de JavaScript en el diseño web. Existen diferentes usos prácticos y de diseño web de JavaScript:

1. Mejora de la interfaz web

Hoy en día se utiliza JavaScript para hacer más accesible al usuario final la vieja, cansada y real interfaz de la web: hacer clic en enlaces, introducir contenido y enviarlo, por ejemplo. Por ejemplo, un formulario de inscripción comprobará si tu nombre está disponible antes de que lo introduzcas, ahorrándote la molestia de tener que recargar la página.

2. Palabras recomendadas en el cuadro de búsqueda

Cuando escribas en un cuadro de búsqueda, te sugerirá resultados basados en lo que ya has escrito.

Por ejemplo, la cadena "bi" puede generar una lista de sugerencias que incluya palabras como "pájaro", "grande" y "bicicleta". Autocompletar es el nombre de este patrón de uso. La información que varía con frecuencia puede cargarse regularmente sin requerir la intervención del usuario.

Por ejemplo, los teletipos de la bolsa o los resultados de los partidos deportivos.

3. Carga de información sólo cuando el usuario elige

La información que es útil pero que podría ser innecesaria para otros usuarios puede cargarse cuando y donde la soliciten. Por ejemplo, el menú de navegación de un sitio puede contener seis enlaces, pero los enlaces a páginas más profundas se muestran bajo demanda cuando se activa un elemento del menú. No olvides revisar también la Sintaxis 5 de JavaScript.

4. Corrección de los problemas de diseño

Determinará la ubicación y el área del elemento en una página específica, así como las dimensiones de la ventana del navegador. Puede evitar la superposición de elementos, así como otros problemas, utilizando este material.

5. Mejora de la interfaz HTML

Las interfaces HTML pueden mejorarse con JavaScript. Aunque un cuadro de entrada de texto es útil, puede elegir un cuadro combinado que le permita elegir de una lista de valores preestablecidos o añadir los suyos propios. Puede mejorar el cuadro de entrada normal para hacerlo utilizando JavaScript.

6. Animación de los elementos de la página

JavaScript permite animar objetos en un sitio web para mostrar y ocultar datos y resaltar partes específicas de una página, haciéndola más accesible y proporcionando una experiencia de usuario más rica.

En este capítulo se ha visto cómo se puede utilizar JavaScript en varios campos, como el diseño web. Existen otros usos de JavaScript que ayudan a mejorar la funcionalidad de las páginas web y la interfaz de usuario.

3.4 Proyectos de JavaScript para principiantes

Estas ideas de proyectos de JavaScript para principiantes son ejemplos de cosas que puedes codificar con conocimientos básicos de JavaScript (con algo de CSS y HTML). Al estudiar el código fuente de estos dos proyectos básicos de JavaScript, podrás ver cómo podrías crear tu variante del mismo concepto o mejorar el código abierto inicial y añadir tus giros y ajustes específicos.

1. Construir un reloj JavaScript

Hay una buena posibilidad de que si estás en un sitio web o usando una aplicación web que tiene una función de auto-actualización de la hora (como un reloj), es impulsado por el código JavaScript. Esto significa que los relojes de JavaScript no sólo son útiles para crear proyectos de JavaScript, sino que también te permiten practicar el tipo de trabajo que harás como desarrollador de JavaScript.

2. Construir una calculadora de consejos en JavaScript

Buscas a tientas el teléfono y buscas una "calculadora de propinas" en Google si sales a comer y tienes problemas para medir la propina correcta. La que sueles utilizar no tiene nombre ni URL, pero es un programa básico de JavaScript. Así que anímate y construye tu calculadora de propinas.

3. Construir una palanca de navegación animada en JavaScript

Cuando se utiliza HTML y CSS para crear menús de sitios web, se limita a hacer enlaces que transfieren al usuario de una página estática a otra; JavaScript es lo que permite crear menús desplegables, plegables y otras funciones de navegación animadas en la creación de sitios web. Los toggles de navegación animados son otra característica popular de Internet que podrás crear para clientes y futuros empleadores una vez que domines el lenguaje de programación JavaScript.

4. Construir un mapa JavaScript

Si has utilizado Google Maps para hacer zoom sobre el terreno o cambiar el modo de vista, has utilizado funciones basadas en JavaScript. Debido a la capacidad de JavaScript para generar objetos complejos, es un complemento perfecto para crear mapas interactivos innovadores para sitios web o aplicaciones móviles.

5. Construir un juego en JavaScript

Mientras que el HTML y el CSS son bloques de construcción esenciales en la creación de páginas web, JavaScript es el lenguaje de programación que transforma los sitios web de funcionalidad a entretenimiento. No es de extrañar. Entonces, estos juegos se encuentran entre los entretenidos proyectos de JavaScript que te permiten perfeccionar tus habilidades sin tener que dormir una siesta frente al teclado.

6. Construir un elemento de mouseover

Cuando se pasa el ratón por encima de un icono o región específica en una página, se crea un evento o resultado desde el lugar donde se pasa el ratón, es otra pieza de la bondad de JavaScript en la que se ha crecido en línea. Dado que los mouseovers son una característica básica del desarrollo de JavaScript, pasar una tarde trabajando en una simple tarea de JavaScript mouseover es una buena manera de pasar el tiempo.

7. Construir una autenticación de inicio de sesión en JavaScript

Otra parte del dominio de JavaScript es la barra de

autenticación de inicio de sesión de un sitio web (un lugar en el que se escribe el correo electrónico y la contraseña para iniciar sesión en el sitio). Dado que casi todos los sitios tienen una función de autenticación de inicio de sesión, este proyecto de JavaScript para los recién llegados es una buena idea para dominar.

8. Construir un dibujo en JavaScript

JavaScript puede utilizarse como medio de dibujo para dar vida a los elementos HTML y CSS en la pantalla de un navegador web. Añadir elementos gráficos a los sitios web estáticos es un aspecto esencial de la creación de páginas web, por lo que entender cómo utilizar la capacidad de dibujo de JavaScript es vital.

9. Construir una lista de tareas de JavaScript

JavaScript es útil para crear listas dinámicas que permitan a los usuarios añadir, eliminar y agrupar elementos, algo que no pueden hacer por sí solos el CSS y el HTML. Si quieres hacer una lista de tareas pero nunca te pones a ello, esta es tu oportunidad. Haz una lista de tareas para tus habilidades en JavaScript.

10. Construir un cuestionario en JavaScript

¿A quién no le gusta un buen cuestionario? Los cuestionarios pueden ser tan divertidos como útiles, ya sea para determinar la dirección de la carrera que más te conviene, la alineación de las opiniones políticas o para comprobar tus conocimientos sobre los luchadores de la WWF de los años 80. Si alguna vez has hecho un cuestionario online, es muy probable que se haya utilizado algún código fuente de JavaScript, y ahora tienes la oportunidad de crear tu cuestionario.

11. Crear unos cajones deslizantes de JavaScript

Pushbar.js es un módulo de JavaScript que ayuda a los desarrolladores a añadir menús de "cajón deslizante" a su sitio web o aplicación (menús que pueden arrastrarse por la pantalla desde la parte inferior, superior o izquierda y derecha de una aplicación).

3.5 Proyectos avanzados de JavaScript

Puede que te preguntes cómo son los proyectos avanzados de JavaScript después de que te sientas cómodo con los proyectos básicos de JavaScript mencionados anteriormente. Aquí hay algunos proyectos avanzados de JavaScript que van más allá de lo básico pero que también son de código abierto, para que puedas aprender el código y ver cómo funciona todo y luego probar tu mano en algo similar.

1. Más bonito

Prettier es un "formateador de JavaScript con opinión", lo que significa que es un programa de JavaScript que elimina todo el estilo original del código de JavaScript y lo sustituye por un único estilo estándar más bonito.

2. Terminalizador

Terminalizer es un proyecto rápido y de código abierto de JavaScript que graba la pantalla del terminal y la convierte en un gif animado, ideal para tutoriales y demostraciones de terminales.

3. Nano id

¿Necesitas un número de identificación aleatorio para algo importante, como la información de tu cuenta bancaria (o no quieres que tu compañero de piso vea Netflix)? Nano ID es un programa de JavaScript que genera identificaciones al azar. Se necesitan 149.000 millones de años para que haya un 1% de posibilidades de que se produzca al menos una colisión. En otras palabras, a tu compañero de piso le costaría adivinar.

4. Reacción

La reacción es un ejemplo brillante de hasta dónde puede llegar JavaScript. Eleva el listón de un proyecto de JavaScript que ayuda con un solo tipo de transacción a un proyecto de JavaScript que permite a los usuarios gestionar todo un negocio. La reacción es una red de comercio para gestionar negocios en tiempo real y proporcionar experiencias de compra directas a los consumidores. Todo es de código abierto, ¡así que puedes ver cómo funciona todo!

5. Monitorización de Webpack

Webpack Monitor es un marco de trabajo de JavaScript de alto nivel y de código abierto que tiene como objetivo mejorar la interfaz de usuario general de las aplicaciones. Este programa de JavaScript supervisa el tamaño y la consistencia del "paquete" de una aplicación para garantizar que se ejecute sin problemas.

6. Maptalks

Maptalks es un ejemplo de proyecto JavaScript mucho más avanzado que se basa en el proyecto de mapa JavaScript básico anterior. Maptalks combina mapas 2D y 3D para crear paisajes cambiantes y animados con la capacidad de extruir y aplanar edificios y terrenos a voluntad.

7. Ar.js

AR.js es un proyecto de JavaScript que intenta introducir la tecnología virtual experiencia de realidad a los teléfonos inteligentes utilizando JavaScript.

8. Parcela

El paquete es un bundler de aplicaciones JavaScript que puede reunir rápidamente todos los archivos y activos de una aplicación. ¿Qué da que esto sea posible? Investiga el código por ti mismo para ver lo que puedes hacer!

9. Caja de trabajo

Workbox es una serie de librerías JavaScript que permiten a las aplicaciones web ofrecer capacidades offline. Si alguna aplicación utiliza Workbox, no te sentirás tan decepcionado la próxima vez que se vaya el Wi-Fi.

10. Tono.js

Tone.js es un marco de trabajo de JavaScript que le permite hacer música inmersiva en su navegador web. Incluye programación avanzada, efectos y sintetizadores, y abstracciones musicales intuitivas desarrolladas sobre la API de audio web.

Capítulo 4. Escribir su primer programa en JavaScript

El HTML no tiene inteligencia propia: no puede hacer cuentas, no puede saber si alguien ha rellenado bien un formulario y no puede tomar decisiones en función de cómo interactúe el usuario de la página. El HTML permite a los usuarios leer texto, mirar imágenes, ver vídeos y navegar a otras páginas web que contienen más imágenes, texto y vídeos haciendo clic en los enlaces. JavaScript se utiliza para añadir inteligencia a las páginas web y reaccionar a los visitantes del sitio.

JavaScript permite que un sitio web reaccione de forma inteligente. Puede utilizarlo para crear formularios web inteligentes que avisen a los usuarios cuando se olviden de rellenar los datos necesarios. Los elementos de una página web pueden aparecer, desaparecer o moverse. También puede utilizar la información obtenida de un servidor web para actualizar las partes de una página web sin recargarla. En resumen, JavaScript le permite mejorar el compromiso, la eficacia y la utilidad de su sitio web.

Nota

En realidad, HTML5 aplica algo de inteligencia a HTML,

incluyendo una simple validación de tipos. Sin embargo, como no todos los navegadores aceptan estas prácticas adiciones (y porque los formularios y JavaScript pueden hacer muchas más cosas), sigue siendo necesario JavaScript para crear los tipos más seguros, fáciles de usar e interactivos.

4.1 Introducción a la programación

Para algunas personas, la frase "programación informática" evoca imágenes de programadores inteligentes encorvados sobre los teclados durante horas y horas, escribiendo un galimatías casi ininteligible. Y, a decir verdad, parte de la programación es así. La programación puede parecer una sofisticada forma de magia fuera del alcance del común de los mortales. Sin embargo, muchos principios de programación son sencillos de entender, y JavaScript es un primer lenguaje de programación decente para cualquier persona que se inicie en la programación.

Incluso JavaScript es más complicado que HTML o CSS, y el scripting es siempre un entorno extraño para los diseñadores web; por ello, este libro pretende enseñarle a pensar como un programador. En este libro descubrirá los principios básicos de programación que son importantes a la hora de escribir

JavaScript. También aprenderá a manejar un desafío de programación para saber lo que quiere hacer al aplicar JavaScript a un nuevo sitio web.

Los extraños símbolos y el vocabulario utilizados en JavaScript resultan extraños para muchos diseñadores web. Un programa típico de JavaScript está plagado de símbolos ({}, [ ], ; , ()!=), así como de un montón de términos desconocidos (null, var, else if). Aprender un lenguaje de programación es similar a aprender otro idioma en varios aspectos. Te ayudará aprender nuevas palabras, signos de puntuación y cómo unirlos para comunicarte eficazmente.

Cada lenguaje de programación tiene su colección de caracteres y palabras clave y su sintaxis (las reglas para juntar ciertas palabras y caracteres). Tendrás que memorizar los términos y las normas del lenguaje JavaScript. Cuando se aprende un idioma extranjero, es fácil olvidar que enfatizar la sílaba equivocada hará que una palabra sea ininteligible. Un error fundamental o incluso un signo de puntuación omitido puede impedir que un programa de JavaScript se ejecute o provocar un fallo en el navegador web. Cometerás muchos errores cuando aprendas a programar: la esencia de la programación es cometer errores.

La programación en JavaScript le resultará aburrida al principio, ya que perderá mucho tiempo buscando los errores que cometió al escribir el script. También es posible que algunos de los términos de programación te resulten difíciles de seguir al principio. Pero no te preocupes: si has intentado aprender JavaScript antes y te has rendido porque te parecía demasiado complicado, este libro te guiará a través de los tropiezos habituales a los que se enfrentan los nuevos programadores. (Aunque tenga conocimientos previos de programación, este libro le mostrará las características de JavaScript y los principios particulares de la programación para navegadores web).

4.2 Programa informático

Cuando aplicas JavaScript a una página web, estás escribiendo un programa informático. La mayoría de las aplicaciones de JavaScript son mucho más fáciles de usar que los programas que utilizas para leer el correo electrónico, retocar fotos o crear páginas web. Aunque los programas de JavaScript (también conocidos como scripts) son más sencillos y cortos que los programas más complejos, tienen muchas de las mismas propiedades.

Un programa informático es un conjunto de instrucciones que se siguen en una secuencia específica en pocas palabras. Supongamos que quiere mostrar una nota de saludo que incluya el nombre del visitante: "¡Bienvenido, Bob!". Para completar esta misión, tendría que hacer lo siguiente

- Pregunte el nombre del visitante.

- Obtenga la respuesta del visitante.

- Imprimir (es decir, mostrar) el mensaje en la página web.

Aunque nunca elegirías imprimir un mensaje de bienvenida en una página web, esta ilustración muestra el proceso básico de programación: Determine lo que pretende hacer y divídalo en pequeños pasos. Siempre que intentes hacer una aplicación en JavaScript, debes averiguar primero qué medidas necesitas para llevar a cabo tu tarea. Si domina los pasos, podrá convertir sus pensamientos en código informático: los términos y caracteres que indican al navegador web cómo debe comportarse.

4.3 Añadir JavaScript a una página

Los navegadores web están diseñados para interpretar HTML y CSS y traducirlos en representaciones visuales en la página. El motor de maquetación o renderización es el componente del navegador de Internet que entiende el HTML y el CSS. Sin embargo, la mayoría de los navegadores siguen teniendo un intérprete de JavaScript. Es la parte del navegador que conoce JavaScript y puede ejecutar una aplicación JavaScript. Dado que la mayoría de los navegadores anticipan el HTML, se debe utilizar la etiqueta <script> para informar explícitamente al navegador de que llega JavaScript.

La etiqueta <script> es una etiqueta HTML estándar. Funciona como un interruptor que dice: "Oye, navegador web, aquí hay algo de código JavaScript; no tienes ni idea de qué hacer con él, así que pásalo al intérprete de JavaScript". Cuando el navegador web ve la etiqueta </script> de cierre, se da cuenta de que ha terminado con el programa JavaScript y puede volver a sus tareas habituales.

En la mayoría de los casos, incluirá la etiqueta <script> en la sección <head> de la página web, como se ve aquí:

```
<!DOCTYPE HTML PUBLIC "-//W3C//DTD HTML 4.01//EN" "http://www.w3.org/TR/
html4/strict.dtd">
<html>
<head>
<title>My Web Page</title>
<script type="text/javascript">
</script>
</head>
```

El atributo de estilo de la etiqueta <script> especifica la estructura y el tipo de script que sigue. En este caso, type= "text/JavaScript" denota que el script es texto plano (en contraposición a HTML) y está escrito en JavaScript.

Es mucho más fácil si se utiliza HTML5. Debes excluir por completo el atributo class:

```
<!doctype html>
<html>
<head>
<meta charset="UTF-8">
<title>My Web Page</title>
<script>
</script>
</head>
```

En realidad, los navegadores web le permiten eliminar el atributo de formulario de los archivos HTML 4.01 y XHTML 1.0 -el script seguirá funcionando; pero, su sitio web no se validará correctamente sin él. El doctype de este libro es HTML5, pero la versión de JavaScript es la misma y funciona con HTML 4.01 y XHTML 1.

A continuación, entre las etiquetas <script> de apertura y cierre, añada el código JavaScript:

```
<!doctype html>
<html>
<head>
<meta charset="UTF-8">
<title>My Web Page</title>
<script>
  alert('hello world!');
</script>
</head>
```

En un momento, verás lo que hace este JavaScript. Por el momento, concéntrese en las etiquetas <script> de apertura y cierre. Comience por añadir estas etiquetas para agregar el script a la página web. En algunos casos, incluirás las etiquetas <script> en el <head> de la página para mantener tu código JavaScript bien ordenado en un área.

Las etiquetas <script>, en cambio, pueden colocarse en cualquier lugar del HTML de una página web. En realidad, como verás más adelante en el capítulo, JavaScript tiene un comando que permite escribir datos directamente en una página web. Las etiquetas <script> se colocan en el lugar de la página (en algún lugar del cuerpo) donde quieres que el script cree su mensaje usando ese comando. En realidad, lo normal es colocar las etiquetas <script> justo debajo de la etiqueta de cierre </body>, ya que esto asegura que la página se cargue y sea visible para el visitante antes de ejecutar cualquier JavaScript.

Archivos JavaScript externos

Puedes aplicar JavaScript a una sola página web utilizando la etiqueta <script>, como se mencionó en la sección anterior. Sin embargo, a menudo creará scripts que le gustaría publicar en todas las páginas de su sitio. Usted puede, por ejemplo, añadir un panel de opciones de navegación extra que se desliza en la página en reacción a los movimientos del ratón de un visitante. Si bien le gustará el panel deslizante similar en cada página del sitio, copiar y pegar el código JavaScript similar en cada página es una idea terrible para muchos propósitos.

En primer lugar, copiar y pegar el mismo código una y otra vez lleva mucho tiempo, sobre todo si tienes un sitio grande con cientos de páginas. En segundo lugar, si desea modificar o mejorar la versión de JavaScript, tendrá que encontrar y actualizar el código de cualquier sitio web que lo utilice. Por último, como una página web incluiría todo el código del programa JavaScript, cada página sería significativamente más grande y más larga de descargar.

Utilizar un archivo JavaScript externo es una mejor opción. Si alguna vez ha utilizado archivos CSS externos para los sitios web, estará familiarizado con este proceso. Un archivo JavaScript externo es un archivo de texto que contiene código JavaScript y termina en.js (por ejemplo, navigation.js). La etiqueta <script> se utiliza para conectar el archivo a una página web. Por ejemplo, podría escribir lo siguiente para vincular este archivo JavaScript a la página de inicio:

```
<!doctype html>
<html>
<head>
<meta charset="UTF-8">
<title>My Web Page</title>
<script src="navigation.js"></script>
</head>
```

El atributo src de la etiqueta <script> funciona de forma similar al atributo src de una etiqueta <img> o al atributo href de una etiqueta <a>. En otras palabras, dirige a los visitantes a un archivo en su sitio web o en otro.

4.4 Programa JavaScript Hola Mundo

En informática, el programa "¡Hola, mundo!" es una práctica popular y consagrada. Es un primer programa sencillo y completo para los recién llegados, y es una forma fantástica de asegurarse de que el entorno está configurado correctamente.

Este libro le ayudará a escribir un programa en JavaScript. Hacer el programa más interesante; se añade una pregunta a la aplicación estándar "¡Hola, mundo!" que pide el nombre del usuario. El nombre se incluirá entonces como saludo. Tendrás un programa "¡Hola, mundo!" envolvente cuando termines esto.

Requisitos previos

Utilizando la consola de desarrollo de JavaScript en el navegador web, terminará este tutorial. Ayudaría que tuvieras algo de experiencia trabajando con este método antes de empezar este tutorial.

Creación del programa "¡Hola, mundo! Programa

Para escribir el programa "¡Hola, mundo!", abra la consola de JavaScript en su navegador web preferido.

El método alert() y el método console.log() son las dos formas principales en las que podemos construir el programa "¡Hola, mundo!" en JavaScript.

Uso de alert()

El método alert() puede utilizarse para mostrar un cuadro de alerta sobre la ventana actual con un mensaje determinado (en este caso, "¡Hola, mundo!") y un botón OK que permite al usuario cerrar la notificación.

Transferirá el formulario de datos de la cadena como parámetro a la función. El valor de la cadena será ¡Hola, mundo!, y se imprimirá en el cuadro de alerta.

Encerraremos la cadena dentro del paréntesis del método alert() para componer este primer tipo de programa "¡Hola, mundo!". Un punto y coma serviría para terminar nuestra declaración JavaScript.

```
alert("Hello, World!");
```

Verás que aparece la siguiente alerta en tu ventana después de pulsar la tecla ENTER tras tu línea de JavaScript:

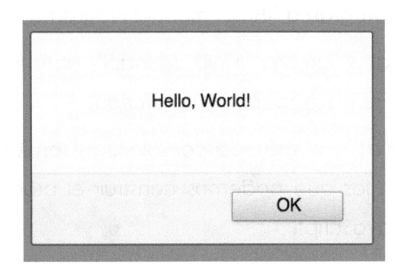

Ejemplo de alerta en la consola de JavaScript

La prueba de una expresión también se imprimirá en la consola. Se leerá como ambiguo si la expresión no devuelve nada.

Puede ser frustrante seguir haciendo clic fuera de las alertas emergentes, pero vamos a ver cómo hacer el mismo programa a través de registro en Dashboard con console.log ().

Usando console.log()

Puede utilizar el método console.log() para imprimir una cadena similar, pero esta vez en la consola de JavaScript. El uso de esta opción es idéntico al uso de un lenguaje de programación en un entorno de terminal en su ordenador.

Enviarás la cadena "¡Hola, mundo!" a un método console.log() entre paréntesis, tal como hicimos con alert(). Como es habitual en la sintaxis de JavaScript, terminarás la frase con un punto y coma.

```
console.log("Hello, World!");
```

El texto '¡Hola, mundo!' se mostrará en la Consola cuando haga clic en ENTER:

```
Output
Hello, World!
```

Pedir información

La calidad del programa actual "¡Hola, mundo!" es la misma cada vez que se ejecuta. Obtengamos el nombre del que maneja el programa. La salida puede entonces personalizarse con ese nombre.

Puede empezar con una sola línea pidiendo entrada para cada una de las técnicas de JavaScript utilizadas anteriormente. Para preguntarle al usuario su nombre, usarás el método prompt() de JavaScript y le pasarás la cadena como se muestra a continuación "¿Cuál es tu nombre?" La entrada del usuario se guardaría entonces en la variable término. Pondrás un punto y coma al final de la expresión.

```
let name = prompt("What is your name?");
```

Cuando haga clic en ENTER para ejecutar esta línea de código, aparecerá un mensaje emergente:

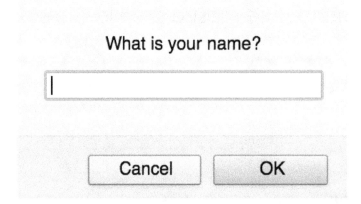

Ejemplo de solicitud de JavaScript

En el cuadro de diálogo que aparece sobre la ventana del navegador web aparece un campo de texto que permite al usuario introducir información. Una vez que el usuario ha introducido un valor en el campo de texto, debe pulsar OK para guardar el valor. Pulsando el icono de Cancelar, el usuario también puede evitar que se registre el valor.

Es necesario utilizar el método JavaScript prompt() cuando tiene sentido en el fondo del programa; de lo contrario, el usuario puede cansarse de él.

Introduce el nombre con el que quieres que el programa te salude en esta fase. Utilicemos en este caso Sammy.

Ahora que ha recogido el significado del nombre del usuario, puede utilizar el valor para darle la bienvenida.

Saludar al usuario con una alerta()

El método alert(), como se ha mencionado anteriormente, produce una pantalla emergente sobre la ventana del navegador. Utilizando el nombre de la variable, utilizará la técnica para dar la bienvenida al destinatario.

Usaremos la concatenación de cadenas para escribir un saludo que diga "¡Hola!" al usuario directamente. Así que vamos a concatenar la cadena Hola con la variable nombre:

```
"Hello, " + name + "!"
```

Con la variable nombre en medio, combina dos cadenas, "Hola" y "!" Esta expresión puede ahora pasarse al método alert().

```
alert("Hello, " + name + "!");
```

Al hacer clic en ENTER aquí, aparecerá en la pantalla el siguiente cuadro de diálogo:

Dado que el nombre del usuario es Sammy en esta situación, la salida lo ha mencionado.

Reescribamos esto de manera que la salida se imprima en la consola.

Saludar al usuario con console.log()

El método console.log(), como has visto en la sección anterior, imprime la salida en una consola, de forma similar a como la función print() en Python imprime la salida en la terminal.

Utilizará la cadena concatenada exacta que utilizó para el método alert(), que incluye las cadenas "¡Hola," & "!" así como la variable nombre:

```
"Hello, " + name + "!"
```

Los paréntesis de la consola se utilizarán para contener toda la expresión. Para que obtengamos un saludo como salida, se utilizará el método console.log().

```
console.log("Hello, " + name + "!");
```

La salida de la consola para un usuario llamado Sammy sería la siguiente:

```
Output
Hello, Sammy!
```

Usted tiene un programa de JavaScript que acepta la entrada del usuario y la imprime en la pantalla.

Ahora se centrará en ampliar el programa para entender cómo escribir el famoso programa "¡Hola, mundo!" y avisar al usuario para que introduzca datos y los muestre como salida. Por ejemplo, si preguntas al usuario por su color favorito, el programa respondería que su color favorito es el rojo. También puedes probar a hacer un programa Mad Lib utilizando este método.

Capítulo nº 5: Errores de JavaScript que hay que evitar

Los diseñadores quieren eliminar algunos errores típicos de programación para mantener el código seguro y legible. En este capítulo verás cada uno de ellos y cómo detenerlos.

1. Demasiadas cosas en una función

Una función puede hacer una cosa: lo que se defina por sí misma, si algo más se puede mover a una función separada. No es fácil leer y seguir una función con tantas cosas en ella. Si una función devuelve tanto el subtotal como los impuestos, se pueden dividir en dos funciones separadas porque son diferentes.

2. Código comentado

El código que se comenta no se ejecutará. Como resultado, después de que hayas terminado de trabajar en esa sección del código, no deberían estar ahí. Puedes borrar o descomentar las líneas comentadas hasta que termines.

En cualquier caso, el código comentado no debería existir en el producto final.

3. Nombres de variables que no son descriptivos

Cuando te olvidas del código que has escrito y vuelves a él, te frustras porque has nombrado las variables de formas que no expresan su significado.

Como resultado, puede dar a las variables nombres que definan lo que contienen.

En lugar de escribir 'let x;', puedes escribir let numApples; para asegurar que la variable contiene el número de manzanas.

4. Números mágicos y cadena

No debería haber números o cadenas mágicas. Algunos valores aparecen en diferentes lugares y dicen lo mismo, pero el código no lo explica explícitamente.

Por ejemplo, considere el siguiente código:

```
for (let i = 0; i < 10; i++) {
  ///...
}
```

Entonces no tienes ni idea de lo que significa el 10. En cambio, puedes convertirlo en una constante con nombre para que puedas entender lo que es.

Por ejemplo, puedes escribir:

```
const numApples = 10;
for (let i = 0; i < numApples; i++) {
  ///...
}
```

Ahora sabes que 10 significa el número de manzanas.

5. Formato de código desordenado

Dado que un formato de código desordenado dificulta su lectura, puedes utilizar un formateador de código o linter para limpiarlo. Hay varias opciones disponibles, así que puedes usar algo como ESLint o Prettier para que haga la limpieza por ti.

6. Valores de codificación dura

Nunca debes codificar los valores, especialmente si son secretos, en el código. En su lugar, puedes guardarlos como variables de entorno de las que puedes leer todos los valores. Hay varias maneras de hacerlo. Por ejemplo, Vue, React y Angular tienen lugares para almacenar variables para varios entornos en diferentes archivos para el front-end.

Usarás el paquete dotenv para interpretar las variables de entorno desde un archivo.env en lugar de codificarlas en el back end. Ayudaría si no buscaras en el archivo.env porque no quieres secretos en los repositorios de código.

7. Código repetitivo

Es una idea terrible utilizar la programación que se repite. Si ajustas todo lo que se repite, debes cambiarlo en todas partes. Más bien, puedes separar las secciones comunes en su archivo para poder reutilizarlas.

La teoría de DRY (no repetirse) se aplica a todas las situaciones. Puedes moverlos a un lugar compartido si los estás copiando y pegando y usándolos exactamente como están.

8. No hacer copias de seguridad del código

Deberías usar Git para gestionar el código porque te permite tener un repo local y otro remoto para el código.

Permite almacenar automáticamente una copia en una ubicación remota. También puedes eliminar rápidamente el código defectuoso y restaurar el código de confirmaciones anteriores. Sin el control de versiones, no podrás lograr esto. Podrías perderlo todo si algo va mal si no tienes una copia de seguridad del código.

9. Código complicado

Hay que simplificar el código complejo para que sea más fácil de entender.

También podemos dividirlos en componentes más pequeños para reutilizar cosas y proporcionar secciones individuales que sean sencillas de leer y probar.

Estos populares errores pueden evitarse fácilmente si se presta atención a lo que se hace.

Siempre es una buena idea dividir las cosas en trozos pequeños y mantenerlas claras y evitar las repeticiones.

Las variables y valores que no son descriptivos deben ser reemplazados por algo más significativo, y las variables y valores que no son comentados deben ser eliminados.

10. El símbolo "+" sirve para sumar y concatenar

En la mayoría de los lenguajes de programación, el símbolo "+" es diferente tanto para la suma como para la concatenación; sin embargo, este no es el caso en JavaScript. Cuando se escriben sentencias con el símbolo "+", es necesario tener más precaución.

Debido a los comentarios de los usuarios, se mezclan cadenas y números al utilizar JavaScript. Como 7 es una cadena, y el signo + se convierte en un símbolo de concatenación si se trata de cadenas en JavaScript, el código var x = 20 + "7" da como resultado "207". Una vez que se imputan los valores de presentación, es fácil olvidar que ahora la entrada del usuario podría evaluarse como una cadena, lo que conduce a este error.

Para evitar cometer este error tan común, convierta el número de la cadena en un número entero. Por ejemplo, var x = 20 + parseInt("7", 20); en este caso, el número de la cadena se convierte en un valor entero de 7, y se utiliza la suma en lugar de la concatenación.

11. Uso incorrecto del operador de comparación de la sentencia "If"

Los programadores profesionales de JavaScript a menudo cometen el error de utilizar incorrectamente el operador de comparación de la sentencia "if". Incluso si aparece en su código como un error tipográfico menor, puede resultar en un error lógico importante después de haber terminado de codificar. Por lo tanto, debe ser extremadamente cuidadoso para evitar cometer este error.

Los operadores "==" y "=" se utilizan en Java Scripting. El "=" se utiliza para asignar un valor a una variable, mientras que el operador "==" se utiliza para hacer una comparación. El uso de estos operadores en otros lenguajes de programación puede dar lugar a un error, pero en JavaScript se evalúa y se obtiene un resultado de declaración que dice verdadero o falso.

Si escribes la sentencia: var x = 0; if (x == 4) en JavaScript, se leerá como válida, y evaluará correctamente si x es igual a 4.

Sin embargo, en el caso de una imputación incorrecta, como var x = 0; if (x = 5), la sentencia 'if' contiene un error tipográfico. Se utiliza el operador asignado en lugar del operador de comparación. En los demás lenguajes de programación, esto se interpretará como un error, pero no en JavaScript. Aunque estos errores pueden identificarse mediante pruebas, es mejor utilizar siempre un operador de comparación para las sentencias 'if'.

12. No hay alcance a nivel de bloque en JavaScript

En muchos lenguajes se puede describir una variable para la estructura del bucle. Si se utiliza JavaScript para hacer un bucle alrededor de una variable, el bucle se rompería.

Considere el siguiente escenario:

Where (var k = 0; k < 11; k++) { k = k + 1; } console.log (k); incluso los desarrolladores más avanzados supondrán que "k" es nulo cuando se enfrenten a un código como éste. La variable k se utiliza con frecuencia en el bucle "for" en otros lenguajes de programación, pero se destruye cuando el bucle se completa.

Cuando JavaScript muestra el producto del código anterior, muestra el valor de la variable k como 10. Como nuevo desarrollador de JavaScript, es fácil ignorar esta peculiaridad del lenguaje que no se ve en otros lenguajes de programación, lo que podría dar lugar a graves errores en su código.

13. El uso de índices de objetos con nombre como matrices no es una buena idea

Los enteros numéricos se utilizan en las matrices de JavaScript. Del mismo modo, los objetos se pueden utilizar de la misma manera que las matrices, aunque los índices tendrían que ser nombrados. Sin embargo, si se utiliza un índice con nombre en un array, la salida del código será incorrecta.

Por ejemplo:

```
var color = [];

color[0] = "negro";

color[1] = "gris";

color[2] = "amarillo";

var a = color.length;

var b = color [0];
```

El array está en "color" en el código anterior. Los colores se han asignado a las tres primeras variables; la longitud se ha medido. El primer color se ha asignado a la variable b. La variable a se pondría entonces a 3, y el valor "negro" se asigna a la variable b. Es un patrón típico de array.

Para el segundo ejemplo, hemos creado un objeto utilizando un móvil

```
var mobile = [];

mobile ["color"] = "negro";

móvil ["marca"] = "samsung";

móvil ["modelo"] = "nota";

var a = mobile.length;

var b = móvil [0];
```

El segundo código define el objeto. Se puede decir que es una entidad en lugar de un array por los índices etiquetados. Tres índices con nombre describen el móvil. Las variables a y b son la causa del error. Los valores del segundo código, a diferencia del código con el array, son indefinidos y generan resultados no válidos. La propiedad length se establece en 0, y el valor de b se establece en "undefined".

Cuando se trabaja con estas dos formas de datos, es esencial entender con cuál de ellas se está tratando para poder utilizar los cálculos y las propiedades correctas.

14. Referencia a "esto" correctamente

El uso de ámbitos de autorreferencia en las devoluciones de llamada y los cierres se ha hecho más popular. Junto con el poder del significado, son una fuente frecuente de confusión "esto/lo otro". Recibirás el mensaje de error si cometes este error.

El enfoque típico para este error es guardar la referencia "this" en una variable que el cierre heredará rápidamente; esta solución funciona bien en los navegadores más antiguos. En los navegadores más recientes, se utiliza el método "bind()" para proporcionar una referencia adecuada.

15. No confundas indefinido y nulo

Las variables pueden establecerse como nulas en algunos lenguajes de programación; por otro lado, JavaScript utiliza undefined y null. Los objetos y las variables en JavaScript suelen tener un valor nulo por defecto. Una vez asignados estos valores, hay dos escenarios:

- Se ha encontrado un error en el cálculo.

- Se ha asignado a un objeto una referencia nula.

Cuando se comparan objetos, hay que tener cuidado porque un objeto debe estar definido para que sea nulo.

Por ejemplo:

```
if (object !== null && type of object !== "undefined")
```

Obtendrá un error si el objeto no puede ser identificado. Para determinar si un objeto es nulo, primero debes determinar si es indefinido o no:

```
if (type of object !== "undefined" && object!== null)
```

Tener cuidado es importante para obtener los resultados correctos.

16. Relacionado con el DOM

El Modelo de Objetos del Documento (DOM) es un componente crucial de la interactividad de las páginas web. El DOM GUI permite controlar el texto, el diseño y la disposición de una página web. El lenguaje de scripting JavaScript fue creado con el único propósito de hacer interactivos los sitios web Html simples (o controlar el DOM).

Trabajar con el DOM es ya una gran parte de lo que hace JavaScript, especialmente con la llegada de la tecnología backend de JavaScript como Node.js. Como resultado, el DOM puede ser una de las principales fuentes de fallos y errores en las aplicaciones de JavaScript.

No es de extrañar que el análisis del informe de errores de JavaScript descubriera que los problemas relacionados con el DOM representan el 68% de los fallos.

Algunos programadores de JavaScript, por ejemplo, suelen cometer el error de hacer referencia a una función del DOM antes de que se haya cargado, lo que da lugar a errores de código.

```
<!DOCTYPE html>
<html>
<body>
<script>
document.getElementById("container").innerHTML = "Common JS
Bugs and Errors";
</script>
<div id="container"></div>
</body>
</html>
Copy
```

Si ejecuta el código anterior en Chrome, obtendrá el siguiente mensaje de error en la consola del desarrollador:

Como el código JavaScript se ejecuta típicamente para ocurrir en un documento, el error es lanzado. Como resultado, el navegador ignora el elemento <div> referenciado cuando el código se ejecuta.

Puede utilizar varios métodos para resolver este problema. El método más sencillo es poner el <div id="container">/div> antes de la etiqueta script. También puede utilizar una biblioteca de JavaScript como jQuery para asegurarse de que el DOM se abre primero antes de ser accedido.

```
<!DOCTYPE html>
<html>
<body>
 <div id="container"></div>
<script
src="https://ajax.googleapis.com/ajax/libs/jquery/3.3.1/jquery.min.js"></script>
<script>
document.getElementById("container").innerHTML = "Common JS Bugs and Errors";
</script>
</body>
</html>
Copy
```

17. Basado en la sintaxis

Cuando el programador de JavaScript no realiza un código sintácticamente incorrecto, se producen errores de sintaxis. Si el intérprete detecta tokens que no siguen la sintaxis básica de JavaScript al crear una aplicación, puede lanzar un error. Según un estudio de los informes de errores de JavaScript, este tipo de errores supone el 12% de todos los errores del lenguaje.

Los errores de sintaxis en JavaScript suelen estar causados por errores gramaticales, como paréntesis incompletos o paréntesis mal colocados.

Cuando se utilizan sentencias condicionales y se abordan múltiples condiciones, se puede olvidar el uso de los paréntesis, lo que da lugar a errores de sintaxis.

Veamos el siguiente ejemplo.

```
if((a > b) && (b < 77)
{
//más código aquí
}
```

Copiar

Sí, falta el último paréntesis de la declaración condicional. ¿Ha visto el error en el código anterior?

Vamos a corregirlo.

```
si ((a > b) && (b < 77))

{

//más código aquí

}
```

Copiar

Puede dedicar tiempo a estudiar los principios gramaticales del lenguaje de programación Basic JavaScript para evitar errores de sintaxis específicos. Encontrará rápidamente los errores gramaticales y dejará de enviarlos con su aplicación construida si tiene mucha experiencia en codificación.

18. Métodos no definidos

Hacer una llamada a una función sin definirla previamente es otra fuente importante de fallos en JavaScript. Según los investigadores de la UBC, este error representa el 4% de todos los errores de JavaScript. He aquí un ejemplo:

```
var programador = {

n: "Josh",
```

```
edad: 26,

hablar()

{

console.log(this.n);

}

};

programador.hablarAhora();
```

Copiar

En la consola de desarrolladores de Chrome, se muestra el siguiente error:

Como el método llamado, speakNow(), no está especificado en el código JavaScript, se produce el error anterior.

19. Uso inadecuado de la declaración de retorno

La sentencia return en JavaScript se utiliza para detener la ejecución de manera que su salida pueda ser procesada. Cuando se utiliza de forma incorrecta, la expresión return perjudica los resultados de la aplicación. Según el informe, el uso inadecuado de la expresión return es responsable del 2% de todos los fallos de JavaScript.

Algunos programadores de JavaScript, por ejemplo, suelen cometer el error de romper erróneamente la sentencia return.

Aunque se puede dividir una sentencia JavaScript en dos líneas y seguir obteniendo el resultado deseado, dividir la sentencia return es un plan de desastre. He aquí un ejemplo:

función número(n) {

var a = 6;

volver;

n + a;

}

console.log(número(11));

Copiar

Cuando se ejecuta el código anterior, se ve un error indefinido en la consola de desarrollador de Chrome:

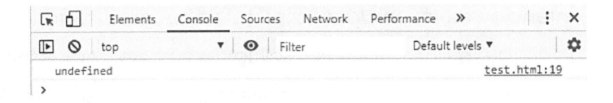

Como resultado, en su código JavaScript, puede evitar romper las declaraciones de retorno.

20. Caer en el infierno de las llamadas

Las devoluciones de llamada son una de las características más útiles de JavaScript. Las devoluciones de llamada no son diferentes de las funciones normales. Es decir, le permite lidiar con la asincronía.

Ejemplo de devolución de llamada fácil:

```
var results = null;
updateCustomer(customerDetails, function(data){
        results = data;
});

function updateCustomer(customerDetails, cb){
        // update customer in database
        cb(data);
}
```

Como resultado, la llamada a "updateCustomer" en la función anterior cambia los registros del cliente en la base de datos. Se llama a la función callback justo al final de "updateCustomer" y se transfiere el resultado como parámetro para devolver la información actualizada.

En JavaScript, esta es una forma fácil de manejar la asincronía.

Sin embargo, si no se hace correctamente, este proceso de utilización de funciones de devolución de llamada se volverá rápidamente muy complicado.

¿Qué ocurre si hay varias funciones, una de las cuales depende de la salida de la otra?

A continuación se muestra un ejemplo de cómo utilizar esas funciones:

```javascript
updateInfo(x, function(y){
        updateOtherInfo(y, function(z){
                updateYetOtherInfo(z, function(a){
                        // ...
                });
        });
});
```

En JavaScript, la forma piramidal anterior se conoce como el infierno de las devoluciones de llamada. El largo y corto de esto es que no se sugiere porque es difícil de seguir y mucho más difícil de mantener.

21. Malinterpretación del operador "===".

¿Cuál es la diferencia entre los operadores "==" y "==="? Es una pregunta habitual en las entrevistas. Entender esta diferenciación te ayudará a comprender mejor las peculiaridades de JavaScript.

Tenga en cuenta que debe ser sencillo.

"===" funciona de la misma manera que el operador "==".

Veamos un ejemplo:

2 == "2"   // verdadero

2 === "2" // falso

En el caso anterior, el operador "==" realizó una comparación de valores. En otras palabras, modificó implícitamente los tipos de operandos necesarios y comparó su igualdad.

Sin embargo, como 2 y "2" tienen tipos de datos diferentes, "===" devuelve falso. Y "===" no convierte los tipos por ti. Verifica que los operandos son del mismo tipo y que sus valores también son iguales.

22. Falta punto y coma

JavaScript es un lenguaje de scripting con mucha inteligencia. Sus analizadores están configurados para añadir puntos y comas incluso cuando no son necesarios.

Sin embargo, mantente al margen de esta vorágine. Es probable que te salga el tiro por la culata.

Mira el siguiente ejemplo:

```javascript
function foo(){
    return
    10
}
```

Cada vez que se nombra la sorprendente función "foo", se supone que debe devolver un valor de 10. Sin embargo, como JavaScript es un lenguaje inteligente, lo interpreta de una manera ligeramente diferente.

A continuación, JavaScript entiende la función anterior:

```javascript
function foo(){
    return;
    10;
}
```

Si no tienes puntos y comas, JavaScript, como en el ejemplo anterior, puede colocarlos en lugares inesperados. Así que, para estar seguro pon esos puntos y comas tú mismo.

23. Olvidar que las variables no tienen alcance de bloque

JavaScript soporta el ámbito de la función, una de las muchas variaciones entre él y otros lenguajes, incluyendo Java y C++. No es un ámbito de bloque.

Considere el siguiente ejemplo para comprender mejor el alcance de las funciones:

```
function foo(){

    if(true){
        var y = 10;
    }

    console.log(y); // displays 10
}
```

Hay un bloque if en la función "foo" anterior. Hay una variable llamada "y" en ese bloque if. Está accediendo a la variable "y" fuera del bloque if para mostrar su valor.

Su compilador arrojará un error si intenta hacer algo similar en Java o C++. Esto se debe a que son lenguajes de bloque. Como resultado, no puedes acceder a una variable fuera del bloque de código en esos lenguajes donde está declarada.

JavaScript, en cambio, es excepcional. JavaScript admite el ámbito de las funciones. Cuando se intenta introducir la variable "y" fuera del bloque if, devuelve el valor de 10.

Se debe a un concepto en JavaScript conocido como hoisting. JavaScript, en términos simples, mueve todas las variables declaradas a la parte superior de la función. Como resultado, esas variables son accesibles desde cualquier parte de la función.

Conclusión:

En este libro, aprenderá conceptos sencillos de JavaScript, como matrices, variables, sentencias condicionales, cookies, bucles, etc., así como conceptos avanzados de JavaScript, como el DOM, ejemplos de programación funcional, sistemas de pruebas unitarias de JavaScript, algoritmos, etc.

No hay nada. Es una guía completa para principiantes de JavaScript con ejemplos para aprender JavaScript. Sin embargo, tener una comprensión básica de CSS y HTML puede ayudarle a aprender más rápida y eficazmente.

Está dirigido a estudiantes interesados en aprender sobre aplicaciones web y creación de software. Este libro también es beneficioso para los profesionales del desarrollo de aplicaciones web que quieran ampliar su experiencia y habilidades.

JavaScript es el lenguaje de programación del lado del cliente más utilizado para la creación de aplicaciones web en todos los sectores. Los candidatos que están familiarizados con JavaScript tienen una gran demanda en el sector de las TI. Por ello, estudiar JavaScript te ayudará a conseguir un trabajo decente al tiempo que mejoras tus habilidades y conocimientos.

El diseño de JavaScript viene determinado por el entorno en el que se utiliza. Node.js, por ejemplo, tiene funciones que permiten a JavaScript leer y escribir archivos arbitrarios, hacer peticiones de red, etc. JavaScript puede desempeñar varias funciones del lado del servidor (back end) y del lado del cliente (front end) en el desarrollo de aplicaciones.

El JavaScript del navegador suele ayudar a manipular las páginas web, a interactuar con los usuarios y a interactuar con el servidor web.

www.ingramcontent.com/pod-product-compliance
Lightning Source LLC
Chambersburg PA
CBHW060202060326
40690CB00018B/4211